BEI GRIN MACHT SICH IHR WISSEN BEZAHLT

- Wir veröffentlichen Ihre Hausarbeit,
  Bachelor- und Masterarbeit

- Ihr eigenes eBook und Buch -
  weltweit in allen wichtigen Shops

- Verdienen Sie an jedem Verkauf

Jetzt bei www.GRIN.com hochladen
und kostenlos publizieren

GRIN

Stefan Maschack

Die Entwicklung von Lerntheorien: Der Behaviorismus

GRIN Verlag

Bibliografische Information der Deutschen Nationalbibliothek:

Die Deutsche Bibliothek verzeichnet diese Publikation in der Deutschen National-
bibliografie; detaillierte bibliografische Daten sind im Internet über http://dnb.d-
nb.de/ abrufbar.

Impressum:

Copyright © 2004 GRIN Verlag GmbH
Druck und Bindung: Books on Demand GmbH, Norderstedt Germany
ISBN: 978-3-640-86135-4

Dieses Buch bei GRIN:

http://www.grin.com/de/e-book/22986/die-entwicklung-von-lerntheorien-der-
behaviorismus

GRIN - Your knowledge has value

Der GRIN Verlag publiziert seit 1998 wissenschaftliche Arbeiten von Studenten, Hochschullehrern und anderen Akademikern als eBook und gedrucktes Buch. Die Verlagswebsite www.grin.com ist die ideale Plattform zur Veröffentlichung von Hausarbeiten, Abschlussarbeiten, wissenschaftlichen Aufsätzen, Dissertationen und Fachbüchern.

Besuchen Sie uns im Internet:

http://www.grin.com/

http://www.facebook.com/grincom

http://www.twitter.com/grin_com

Hochschule Bremen
Fachbereich Sozialwesen
Studiengang Soziale Arbeit
Lehrbereich 4
Geistes und Humanwissenschaften in der Sozialen Arbeit
Lehrveranstaltung: Lern- und Denkpsychologische Grundlagen

Literaturbericht

Die Entwicklung von Lerntheorien:

Der frühe Behaviorismus

Stefan Maschack, 3.Fachsemester

Inhaltsverzeichnis

1. Einleitung

Im Rahmen der Lehrveranstaltung Lern- und Denkpsychologische Grundlagen haben wir einen Überblick über die unterschiedlichen Theorieansätze zum Themenbereich wie wir Menschen lernen, gewonnen. Ausgehend vom naturwissenschaftlich geprägtem Weltbild Issak Newtons und der Idee des klassischen Konditionierens mit den Vertretern Ivan P. Pawlow (1849–1936), John B. Watson (1878–1958) und Edwin R. Guthrie (1886-1959) sind wir über das Operante Konditionieren bzw. das instrumentelle Lernen, hier ist als Vertreter Burrhus Frederic Skinner (1904- 1990) genannt, zum Sozialen Lernen bzw. das Beobachtungs- oder Imitationslernen nach Albert Bandura (1925- dato) gelangt.

Dieser Gedankenkomplex der allgemein unter dem Oberbegriff Behavioristische Theorien zusammengefasst lässt, hat gewissermaßen mit den Arbeiten von Pawlow, Watson; Guthrie und Thorndike eine Grundlage erhalten, den man auch als den Bereich des Frühen Behaviorismus bezeichnet, Dieser Teilbereich des Behaviorismus ist Thema dieses Literaturberichtes. Anhand ausgewählter Literatur erarbeite ich einen Überblick über die Entwicklung der Theorien auf diesem Gebiet.

2. Übersicht über die verwendete Literatur

Im Rahmen dieses Literaturberichtes habe ich mit 4 Büchern beschäftigt, die meiner Auffassung nach dem Themenbereich Früher Behaviorismus gut darstellen. Es sind dies:

- Entwicklungs- und Lerntheorien von Franzjörg Baumgart (Hrsg.) in der 2.Auflage von 2001,
- Psychologie des Lernens von Guy R. Lefrancis in der 3. Auflage von 1994,
- Lernpsychologie von Wilhelm F. Angermeier, Peter Bednorz und Martin Schuster in der 2. Auflage von 1991,
- Psychologie des Lernens von Rosemarie Mielke in der 1. Auflage von 2001

3. Was sind Theorien?

In einer Ausarbeitung über die Entwicklung von Lerntheorien erscheint es mir aus Gründen der Verständlichkeit und der besseren Einordnung sinnvoll den Begriff Theorie etwas näher zu betrachten. Im Rahmen der diesem Literaturbericht zugrundliegenden Fachbücher gibt Lefrancis als einziger zu Beginn seiner Ausführungen eine solche Betrachtung bzw. Erläuterung. Er weist darauf hin, dass der Begriff Theorie sehr vielseitig verwendet wird, und schlägt eine „griffige" Definition von Theorie vor. Er formuliert: *Eine Theorie kann als Ansammlung miteinander in Beziehung stehender Aussagen bezeichnet werden, deren wichtigste Funktion es ist, Beobachtungen (von denen angenommen wird, sie seien Tatsachen) zusammenzufassen und zu erklären*(Lefrancis 1994, S.4). Weiter weist er darauf hin, dass gerade im Bereich der Geisteswissenschaften, also auch der Psychologie diese Aussagen in der Mehrzahl Annahmen sind und keine Gesetzmäßigkeiten oder Prinzipien darstellen. Eine Funktion, die eine Theorie erfüllen soll ist es *Beobachtungen zu reduzieren und zu systematisieren*(Lefrancis 1994, S.4) und somit eine Vorhersage ermöglichen. Bezogen auf die Psychologie bedeutet dies, dass eine Theorie über das menschliche Lernverhalten, in der Lage sein soll, Aussagen darüber zu machen, unter welchen Bedingungen optimales Lernen stattfindet und unter welchen nicht. Abschließend weist er darauf hin, dass einzelne Theorien, obwohl sie stark voneinander differieren können, nicht zwangsläufig falsch sein müssen. Sie unterscheiden sich eher in ihrer Brauchbarkeit im verschieden Erklärungssituationen. Zur Beurteilung von Theorien nennt Lefrancis 5 Kriterien nach R.M.Thomas:

- Eine Theorie sollte sich, insbesondere im Bereich der Psychologie auf Beobachtungen beschränken.
- Eine Theorie, die gut sein will, sollte übersichtlich und allgemein verständlich sein.
- Auf ihrer Grundlage sollten verwendbare Erklärungen und Vorhersagen möglich sein
- Eine Theorie muss in sich konsistent, also frei von inneren Widersprüchen sein.
- Die Anzahl der zugrundeliegenden Postulate sollte überschaubar sein.

4. Was ist Lernen ?

Bevor ich mich mit den verschiedenen Grundzügen und Inhalten der oben genannten Lerntheorien auseinandersetze, erscheint es mir sinnvoll, eine Begriffsklärungen vorzunehmen. Was bedeutet Lernen? Was gehört zum Lernen? Welche Voraussetzungen brauchen wir zum Lernen? Der Begriff Lernen ist bei uns Menschen wohl mit unterschiedlichsten Bildern, Assoziationen und Gefühlen besetzt. In der Umgangssprache gibt es beispielsweise das bewusste Lernen, das unbewusste Lernen, das Lernen für eine Prüfung, das Lernen für das Leben, das einfache Lernen, das Lernen von körperlichen Fähigkeiten (Schwimmen, Fahrrad fahren) und das Lernen geistiger Inhalte. Doch wie lässt sich Lernen begrifflich exakt fassen und definieren. Angermeier verweist auf die *Verschiedenartigkeit der beteiligten Prozesse*(Angermeier 1991, S. 26) beim Lernen und schlußfolgert, dass die Definition des Begriffes Lernen allgemein ausfallen muss. Bezugnehmend auf das Modell der kognitiven Prozesse definiert er Lernen so: Lernen ist eine überdauernde Veränderung des Wissens bzw. der kognitiven Struktur, die sich in motorischen oder verbalen Verhaltensweisen nachweisen lässt(vgl. Angermeier 1991, S.27). Baumgart gibt in seinem Buch folgende Definition des Begriffs Lernen: *Lernen lässt sich in einer ersten allgemeinen Definition als relativ dauerhafte Veränderung des Verhaltens bezeichnen, die durch neue Erfahrungen und zufällige oder bewusste Übungen erzeugt wird* (Baumgart 2001, S. 11). Lefrancis legt den Begriff Lernen so fest: *Lernen umfasst alle Verhaltensänderungen, die aufgrund von Erfahrungen zustandekommen*(Lefrancis 1994, S. 3). Rosemarie Mielke verweist in ihrem Buch auf den psychologischen Lernbegriff, der weitergehend gefasst ist als die umgangssprachliche Verwendung und nennt folgende Definition: *In der Psychologie umfasst der Begriff Lernen alle Prozesse, die einen Organismus so verändern, dass er beim nächsten Mal in einer vergleichbaren Situation anders – und sei es auch nur schneller – reagieren könnte*(Mielke 2001, S. 12). Walter Edelmann nennt verschiedene Begriffe von Lernen und gibt eine Behavioristische Definition von Lernen: *Unter Lernen versteht man jede überdauernde Verhaltensänderung, die durch Übung oder Beobachtung entstanden ist; diese Verhaltensänderung darf jedoch nicht durch Reifung, Ermüdung, Drogeneinfluss oder ähnliches entstanden sein*(Edelmann 1978, S. 16). Interessant ist in diesem Zusammenhang, dass der eigentliche Prozess des Lernens nicht sichtbar ist und nur die Verhaltensänderung den Lernerfolg gegebenenfalls anzeigt.

Auch wenn alle genannten Definitionen sich graduell unterscheiden, wird deutlich, dass es gemeinsame Aspekte gibt, die das Lernen umschreiben.

Es geht um Dauerhaftigkeit, Verhalten bzw. die Veränderung dessen und um die auslösenden Momente dieser Veränderung (Prozesse, Erfahrungen, Beobachtungen oder Übungen). Das Wissen darüber was Lernen eigentlich ist, führt uns zu der Frage wie gelernt wird.

4.1 Die Psychologie des Lernens

Ausgehend von den unter Punkt 3 angeführten Definitionen des Begriffs Lernen ist es für die Psychologie wichtig, Verhalten und Verhaltensänderungen zu beobachten. Dementsprechend beschreiben Lerntheorien die Umstände unter denen sich Lernprozesse vollziehen können. Die ersten Lerntheorien, die auch heute noch das Fundament der Lernpsychologie darstellen beschreiben das Lernen als ein einfaches Stimulus-Reaktions-Modell. Das bedeutet ein bestimmter Reiz (lat. Stimulus), gemeint sind hier chemische oder physikalische Erscheinungen treffen auf ein Sinnesorgan (Rezeptor) und führen zu einer bestimmten Reaktion(vgl. Edelmann 1978). Diese beobachtbaren Stimuli und die dazugehörigen Reaktionen oder Verhaltensweisen sind die Grundannahmen des Behaviorismus. Allerdings haben sich die Inhalte dessen, was unter einem Reiz und der entsprechenden Reaktion verstanden wird im Laufe der Weiterentwicklung dieser Theorie verändert. Standen zunächst nur äußere physikalische Reize und einzelne physiologisch messbare Reaktionen des Organismus im Zentrum der Forschung , so kamen später auch alle wahrnehmbaren externen und internen Stimuli, sowie komplexe Verhaltensweisen, wie emotionale Reaktion und kognitiven Vorgänge der Wahrnehmung hinzu(vgl. Baumgart 2001). Neben diesem Theorieansatz gibt es noch eine weitere Richtung in der Lernpsychologie, die sogenannte Kognitive Lernpsychologie, die sich mit der Wahrnehmung, den Informations- und Entscheidungsprozessen und dem Verstehen beschäftigt. Als wichtigste Vetreter sind hier Tolman, Lewin, Bruner und Piaget zu nennen. Die kognitiven Erklärungsansätze bilden unter anderem auch die Grundlage für Erforschung des Gedächtnisses, der Aufmerksamkeit, der Motivation und der Entwicklung der künstlichen Intelligenz(vgl. Lefrancis 1994).

4.2 Die Ursprünge der Lerntheorie

Wilhelm Wundt (1832-1920), der 1879 in Leipzig als Professor an der dortigen Universität ein psychologisches Labor einrichtete, gilt als der Begründer der modernen Psychologie. Zu jener Zeit war die Methode der Introspektion eine weit verbreitete Art, wissenschaftliche Erkenntnisse zu gewinnen. Hierbei geht es um das Beobachten und Examinieren der eigenen Emotionen und Motive und der anschließenden Verallgemeinerung und Übertragung auf andere Personen. Diese heute eher unwissenschaftlich anmutende Verfahrensweise führte dann allerdings am Anfang des 20. Jahrhunderts zu einer Gegenreaktion innerhalb der Forschung insbesondere in den USA. Das äußerte sich insoweit, dass einige amerikanische Forscher sich im Gegensatz zu Wundt und anderen mehr dem Verhalten (Behavior) zuwendeten und die geistigen Prozesse, wie Bewusstsein, Empfindung, Gefühle, Wahrnehmung und Vorstellungsvermögen vernachlässigten.

4.3 Die Experimente Pawlows

Iwan Petrowitsch Pawlow wurde am 14.09.1849 als Sohn eines Dorfpriesters in Rjasan in Russland geboren. Nach einem Studium der Medizin und der Tierphysiologie in St. Petersburg , ging er nach Deutschland wo er seine Studien fortsetzte. Mit 41 Jahren wurde er zum Professor für Pharmakologie und Physiologie berufen. Nachdem Pawlow für seine Forschungen auf dem Gebiet der Physiologie der Verdauung bei Tieren 1904 den Nobelpreis erhalten hatte, wandte Pawlow sich im Alter von 55 Jahren der Untersuchung der psychischen Erregung der Magen- und Speicheldrüsen zu. Auf der Grundlage des einfachen Stimulus-Reaktions-Schemas war zu beobachten, dass einige der Laborhunde Speichel absonderten, wenn ihnen Fleisch vorgehalten wurde. Das Zeigen des Futters wird als unkonditionierter Reiz (UCS = unconditioned stimulus), die Speichelabsonderung als Unkonditionierte Reaktion (UCR = unconditioned reaction) bezeichnet. Rosemarie Mielke präzisiert diese Begriffe meiner Auffassung nach sehr gelungen, indem sie die unkonditionierte Reaktion als *eine unwillkürliche, also nicht bewusst gesteuerte (reflexhafte)Reaktion*(Mielke 2001, S. 20) beschreibt und die Merkmale eines unkonditionierten Stimulus benennt:

- *Reflexauslösend: löst angeborene Reaktionen aus,*
- *Senstivierend: regt die Aufmerksamkeit an* und
- *Verstärkend: wirkt als Verstärker, weil er angeborene Bedeutung* hat (Mielke 2001, S. 20).

Dieser unkonditionierte Reiz und die unkonditionierte Reaktion bilden zusammen eine ungelernte Reiz-Reaktions-Einheit. Pawlow zeigte im Rahmen seiner Experimente, dass *nicht nur die visuelle Wahrnehmung des Futters zur Speichelabsonderung bei seinen Hunden führte, sondern auch bestimmte andere Reize dieselbe Wirkung hatten, wenn sie oft genug mit der Einnahme des Futters zeitlich zusammenfielen*(Lefrancis 1994, S. 17). Dieses zeitliche und auch räumliche Zusammenfallen der Reize wird in der Literatur als Kongiuität beschrieben(vgl. Mielke 2001, Angermeier 1991). Diese bestimmten anderen Reize, in den Versuchen hauptsächlich Töne werden als konditionierte Reize bezeichnet, die nach einer gewissen Zeit des Lernens konditionierte Reaktionen hervorrufen. Diese Verhaltensänderung wird dementsprechend als klassische Konditionierung bezeichnet.

Die (armen) Versuchshunde in den Laboren von Pawlow hatten gelernt. Diese Form des Lernens hat in der Literatur unterschiedliche Bezeichnungen erhalten, die aber alle synonym verwendet werden. Lefrancis spricht vom *Lernen durch Reizsubstitution*(Lefrancis 1994, S. 18), da der konditionierte Stimulus, wenn er nur oft genug mit dem unkonditioniertem Stimulus gekoppelt wird, ihn ersetzen kann. Edelmann listet alle Bezeichnungen für diese Art des Lernens auf:

- Signallernen, da während der Lernphase der konditionierte Reiz (z.B. Ton) ein Signal für den etwas später einsetzenden unkonditionierten Reiz darstellt.
- Reaktives Lernen, deshalb weil der Organismus während des Lernprozesses und bei etwas später folgenden Reaktion passiv bleibt, und sein Verhalten nur eine Reaktion darstellt.
- Reiz-Reaktions-Lernen, hat die gleiche Begründung, wie das Reaktive Lernen.
- Assoziatives lernen, weil zwischen dem Reiz und der Reaktion eine Verbindung, eben eine Assoziation hergestellt wird.

6

4.4 Vom klassischen Konditionieren zum Behaviorismus

Die unter 3.3 angeführten Erkenntnisse der Forschungen von Iwan I. Pawlow bilden die Grundlage der Arbeiten der späteren Behavioristen wie John B. Watson, Edwin R. Guthrie und Edward L.Thorndike.

4.4.1 John Broardus Watson als Begründer des Behaviorismus

John B. Watson wurde 1878 in South Carolina geboren. Nach dem Abschluss seines Studiums der Psychologie an der Universität von Chicago, trat er hier eine Dozentenstelle an. Später folgte er dem Ruf einer Professur an die John-Hopkins-Universität in Baltimore. Aus privaten Gründen wechselte er 1921 in die Industrie, blieb der Forschung aber treu und veröffentlichte zahlreiche Publikationen. Er gilt als Begründer oder „Vater" des Behaviorismus und die Entwicklung dahin ist meiner Meinung nach bei Rosemarie Mielke sehr gut dargestellt. Aus diesem Grund beziehe ich mich in meinen Ausführungen verstärkt auf ihr Werk. Wie unter Punkt 3.2 dargestellt, regte sich an dem von der „Würzburger Schule" mit ihrem Hauptvertreter Oswald Külpe praktiziertem Verfahren der Introspektion massiver Widerstand insbesondere in den USA. Das ist insoweit interessant, als sich auch das Verfahren der Introspektion an folgende strenge Regeln für naturwissenschaftlichen Experimente hält. Demnach *musste das zu beobachtende Geschehen absichtlich herbei geführt und die Bedingungen planmäßig gestaltet worden sein (Kriterium der Willkürlichkeit)*(Mielke 2001, S.40). Weiteres Kriterium ist die Möglichkeit, in einer standardisierten Situation die Bedingungen systematisch zu variieren. Mielke spricht in diesen Zusammenhang von den Kriterien der Kontrollierbarkeit und der Variierbarkeit (vgl. Mielke 2001). Da aber im Gegensatz zu physiologischen Untersuchungen, bei denen mithilfe von Messgeräten die Veränderung des Organismus festgestellt und dokumentiert werden, ist man bei der Introspektion auf die Selbstauskunft der Versuchsperson angewiesen. Sie schildert, wie sie die internen Reaktionen auf einen Reiz in Form von Emotionen, Ängsten, Wünschen oder Vorstellungen erlebt hat. Genau hieran rieben sich Watson, Thorndike und andere, da sie die Auffassung vertraten, geschilderte Selbstempfindungen bergen die Möglichkeit der Verfälschung, der Unvollständigkeit und des Missverständnisses und das Ausmaß darüber ist nicht feststellbar. Es ging Watson nicht um Ignoranz der Phänomene des Bewusstseins, sondern um die fehlende Möglichkeit der Beweisbarkeit.

Folgendes Zitat mag seine Haltung belegen: *Die Zeit scheint gekommen zu sein, da die Psychologie jeglichen Bezug auf das Bewusstsein aufgeben muss und sich nicht mehr der Illusion hingeben darf, dass sie Bewusstseinzustände zum Gegenstand ihrer Beobachtung macht* (Mielke 2001, S.43). Auf der Grundlage dieser Kritik und quasi als Gegenpol zum psychoanalytischen Theorieansatz von Siegmund Freud formulierte Watson seine Idee der psychologischen Forschung und legte seinen Standpunkt in folgendem Zitat dar: *Warum machen wir nicht das, was wir beobachten können zum eigentlichen Gebiet der Psychologie? Wir wollen uns auf Dinge beschränken, die beobachtbar sind, und Gesetze formulieren, die sich nur auf solche Dinge beziehen. Was aber können wir Beobachten? Wir können Verhalten beobachten - das was der Organismus tut oder sagt. Wir wollen sofort darauf hinweisen: Sprechen ist Tun – das heißt sich verhalten. Laut sprechen oder zu sich selbst sprechen (denken) ist als Verhalten genauso objektiv wie Baseballspielen*(Baumgart 2001, S. 118).

Die Kennzeichen des bzw. Bausteine des Behaviorismus sind nach Rosemarie Mielke:

- Der Reflex ist das Fundament der gesamten Verhaltensforschung,
- Jeder innerer Vorgang in einem Organismus ist von physiologischen Prozessen begleitet und wird gleichzeitig durch sie repräsentiert.
- Nur das real beobachtbare ist relevant
- Bewusstsein ist ein Phänomen, dass sich einer objektiven wissenschaftlichen Analyse entzieht, weil es sich um einen inneren Vorgang handelt, der nicht genau beobachtet werden kann.
- Nur die experimentelle Methode hat wissenschaftliche Aussagekraft
- Anstelle von Wahrnehmung und Denken ist das Lernen der Hauptgegenstand der Psychologie.

Baumgart ergänzt hier noch, indem er die Grundannahmen des Behaviorismus auf einen Punkt bringt: *das Verhalten eines jeden Organismus, also auch des Menschen ist nichts anderes als die Reaktion auf bestimmte Umweltreize, mit der sich der Organismus an die Umwelt anpasst. Verhalten ist das sichtbare Ergebnis von Reiz-Reaktions-Verbindungen, die der Organismus ausgehend von einigen elementaren angeborenen Reflexen – im Laufe der Zeit 'erlernt' hat. Lernen ist unter dieser Perspektive also der Aufbau neuer Reiz-Reaktions-Verbindungen, die zu relativ dauerhaften Verhaltensänderungen führen*(Baumgart 2001, S. 109).

Watson verbannte in seinen Überlegungen jegliche nicht-objektiven Erklärungen menschlichen und tierischen Verhaltens und sah dementsprechend das gefühlsmäßige Verhalten nur als eine *Subkategorie der klassischen Konditionierung*(Lefrancis 1994,S.20). Er ging davon aus, dass alle Menschen mit einer vorgegebenen Anzahl von Reflexen auf die Welt kommen und diese Reflexe umfassen beispielsweise körperliche Reflexe, wie den Kniesehnenreflex aber auch ungelernte Reaktionen wie Angst, Liebe oder Wut. Weitergehend nahm er an, dass auch sehr komplexe körperliche, emotionale und kognitive Verhaltensweisen, wie beispielsweise Häuser bauen, Bücher schreiben oder auch Kinder bekommen und erziehen nur aufgrund von Konditionierungsprozessen entstanden sind, in deren Verlauf einfache Reiz-Reaktions-Verbindungen zu immer komplexeren Verhaltensmustern zusammengefasst werden. Er kam zu diesen Schlussfolgerungen, nicht zuletzt auf der Grundlage der vom ihm durchgeführten Versuche und Experimente mit Menschen. Eines davon ist das mit dem kleinen Albert, das bei Lefrancis angeführt ist, und das ich aufgrund seiner Fragwürdigkeit hier kurz wiedergeben werde.

Der 11 Monate alte Albert hatte sich gerade an eine weiße Laborrate gewöhnt, zutrauen gefunden und so eine Art Freundschaft aufgebaut, als Watson jedes Mal, wenn der Säugling die Ratte sah einen unangenehmen lauten Ton erklingen ließ. Natürlich erschreckte Albert sich gehörig nach kurzer Zeit genügte schon der Anblick des Tieres, um bei Albert Angst und Fluchtreaktionen auszulösen. Bei diesem doch sehr fragwürdigem Versuch ging es Watson darum zu beweisen, dass es möglich auch ist eine negative emotionale Reaktion zu konditionieren. Aber Watson ging noch weiter und wollte beweisen, das man Albert die Angst vor der Ratte auf gleichem Wege wieder abgewöhnen könnte. Wir sprechen in diesem Zusammenhang dann von einer Gegenkonditionierung. Den Beweis, dass dies möglich ist wurde von Mary Cover Jones erbracht. Im Rahmen dieser Forschung entstanden weitere Modelle, mit denen klassische Konditionierung nachgewiesen werden kann. Lefrancis nennt und beschreibt sie ausführlich.

Als weitere hervorzuhebender Punkt im Wirken von Watson ist seine Position in der Frage, ob das Verhalten der Menschen im wesentlichen ein Produkt der Genetik oder der Umwelt sind. Watson vertrat die Ansicht, Menschen seien in erster Linie von ihrer Umwelt geprägt und behauptete er wäre in der Lage eine bestimmte Zahl von Babys zu genau dem zu machen, was er wolle, wenn er nur die Möglichkeit hätte die Umgebung der Babys zu gestalten.

Baumgart, der in seinem Werk viele Originaltexte von Watson und anderen Vertretern der behavioristischen Theorie verwendet, lässt Watson selber den Behaviorismus erläutern und definieren: *Der Behaviorismus ist eine Naturwissenschaft, die das gesamte gebiet menschlicher Anpassungsvorgänge umfasst. Sein nächster Nachbar in den Wissenschaften ist die Physiologie.* [...] *Das Interesse des Behavioristen am Verhalten des Menschen ist mehr als bloße Neugier – er möchte die Reaktionen des Menschen kontrollieren, so wie die Physiker andere Naturgegebenheiten kontrollieren und manipulieren möchten. Es ist die Aufgabe der behavioristischen Psychologie, menschliches Verhalten vorherzusagen und zu kontrollieren*(Baumgart 2001, S. 121).

Als ein weiter Pionier des Behavioristen gilt Edwin R. Guthrie, mit dem sich diese Ausarbeitung im nächsten Abschnitt beschäftigt.

4.2.2 Edwin R. Guthries „Ein-Schuss-Theorie"

Edwin R. Guthrie wurde 1886 in Nebraska geboren und hat an der Universität von Nebraska Philosophie, Mathematik und als Nebenfach Psychologie studiert. 1912 erhielt er den Doktortitel im Fach Philosophie und arbeite als Professor an der Universität von Washington. 1921 veröffentlicht er sein erstes Buch, das stark von den Ideen und Auffassungen Watsons beeinflusst war. Als sein wichtigstes Werk gilt „Psychology of learning", das 1935 veröffentlicht wurde.

Guthrie gilt als ein weiterer wichtiger Vertreter der behavioristischen Psychologie und stimmt in vielen Punkten mit John B. Watson überein. Das von ihm 1952 entwickelte Lernmodell unterscheidet sich allerdings von den Ansichten Watsons, dass Übung das Lernen fördere. Seine Theorie besagt, dass der einzelne Reiz oder die Kombination verschiedener Reize die darauffolgende Reaktion jederzeit wieder auslösen, sobald sie wiederholt werden. Weitergehend vertritt er die Auffassung, dass die Stärke der Verbindung zwischen Reiz und Reaktion sich beim ersten Auftreten manifestiert und weiteres Üben diese Verbindungsintensität nicht mehr verändert. Für Guthrie war Lernen ein einfacher Prozess der Aneignung von Reiz-Reaktions-Verbindungen, der dadurch stattfand, dass bestimmte Reize mit Verhalten gepaart wurden.

Die Hauptkritik an diesem Lerngesetz ist die Feststellung, dass Menschen in gleichen Situationen sich trotzdem unterschiedlich verhalten. Guthrie setzet dem die These entgegen, dass wenn die Reaktion auf zwei Reize unterschiedlich ausfällt, können entweder die Reize nicht identisch gewesen sein, oder eine Gewohnheit ist durch eine andere ersetzt worden, wobei die alte Gewohnheit nicht vergessen, sondern nur von der neuen substituiert worden ist. Lefrancis nennt in seinem Buch 3 von Guthrie formulierte Methoden, wie neue Gewohnheiten erlernt werden. Es sind dies die *Ermüdungsmethode,* die *Schwellenmethode* und die *Methode der inkompatiblen Reize.*

1. Ermüdungsmethode: Ein Reiz wird solange gegeben, bis der Organismus vor Müdigkeit nicht mehr in der Lage ist zu reagieren. Das bedeutet, dann es wird eine andere Reaktion oder überhaupt keine Reaktion gezeigt.

2. Schwellenmethode: Hier wird der Reiz so unterschwellig dargeboten, dass die unerwünschte Reaktion nicht stattfindet. Da der Reiz die Reaktion nicht verursacht, findet eine andere Reaktion statt. Wenn man nun den Reiz stufenweise verstärkt und die alte Reaktion nicht stattfindet, ist gelernt worden.

3. Methode der inkompatiblen Reize: Bei dieser Methode wird der Reiz in einer Situation dargeboten, wenn der Organismus nicht die gewünschte Reaktion zeigen kann. Stattdessen wird eine andere Reaktion gezeigt, die eine neue Gewohnheit repräsentiert.

Lefrancis veranschaulicht diese Methoden noch anhand eines bildlich unterstützten Beispiels, (vgl. Lefrancis 1994, S.22). Bezogen auf die Veränderung menschlicher Gewohnheiten ist gerade die *Schwellenmethode* dem Ansatz der *systematischen Desensibilisierung* oder der *Gegenkonditionierung* bei Ängsten oder Phobien sehr ähnlich.

4.4.3. Edward L. Thorndikes Prinzip der Verstärkung

Edward L. Thorndike wurde am 31.Augst 1874 als Sohn eines Pfarrers in Massachussettes geboren. Nach einem Studium in Harvard, Wesleyan und Columbia erhielt er im Alter von 24 Jahren seinen Doktortitel in Psychologie und unterrichte an der Universität von Columbia. Seine Hauptinteresse galt der Intelligenz von Tieren und er versuchte durch zahlreiche

Experimente nachzuweisen, dass Tiere durch eine Versuch – Irrtum – Methode (try and error) lernen.

Thorndikes Grundgedanke war, dass Lernen aus dem *Einstanzen von Stimulus-Reaktions-Verbindungen* und Vergessen aus dem *Ausstanzen* solcher Verbindungen besteht(vgl. Lefrancis 1994 und Mielke 2001). Diese beiden Prozesse unterliegen einer Reihe von Gesetzen, wovon das wichtigste, als das Effektgesetz, (*law of effect*) bezeichnet wird. Thorndike formuliert dieses Gesetz wie folgt: *Von mehreren Reaktionen auf die gleiche Situation hin, werden diejenigen, die bei dem Tier von Befriedigung begleitet oder dicht gefolgt sind, bei Gleichheit aller Bedingungen stärker mit der Situation verbunden, so dass, wenn die Situation wieder eintritt, sie wahrscheinlicher werden; diejenigen, welche bei dem Tier von Unbehagen begleitet oder dicht gefolgt sind, werden (bei Gleichheit aller anderen Bedingungen) ihre Verbindung mit der Situation schwächen, so dass wenn die Situation wieder eintritt, sie mit geringerer Wahrscheinlichkeit eintreten. Je größer die Befriedigung oder das Unbehagen, desto größer die Stärkung, oder die Schwächung der Verbindung (S.244)*(Mielke 2001, S. 42).

Dieses Gesetz bietet eine Erklärung dafür, inwieweit Situationen und entsprechendes Verhalten mit ihren befriedigenden oder unbefriedigenden Konsequenzen in Abhängigkeit der Assoziationsstärke stehen. Dabei ist es notwendig die Begriffe befriedigend oder unbefriedigend genauer zu definieren. Nach Thorndike ist ein befriedigender Zustand eben so ein Zustand, in dem das Versuchsobjekt (Mensch oder Tier) nichts tut, um ihn zu vermeiden oder sogar versucht ihn zu erhalten. Ein unbefriedigender Zustand ist demnach ein Zustand, bei dem der Versuch gemacht wird, ihn zu meiden oder sogar zu verändern(vgl. Lefrancis 1994). Neben dem Effektgesetz gehören zu dem von Thorndike entwickeltem Lernmodell noch weitere 5 Gesetze, die ich hier nur kurz nennen will:

- Multiple Reaktion, bedeutet führt ein Reiz nicht sofort zu einem befriedigenden Zustand, wird solange unterschiedlich reagiert, bis ein befriedigender Zustand erreicht ist.
- Set oder Einstellung, soll heißen Lernen ist abhängig von bestimmten Dispositionen, wie zu reagieren ist. Diese Dispositionen sind vielfach kulturell festgelegt. Anders ausgedrückt, die Gesellschaft in der ich lebe, bestimmt zum großen Teil meine Reaktionen

- Vorherrschaft wichtiger Elemente, meint, dass Lernen davon abhängt, ob wir wichtiges von unwichtigem trennen können.
- Analoge Reaktionen, eine Person würde in einer neuen Situation so reagieren, wie sie es in ähnlichen Situationen mit einigen identischen Elementen auch tun würde.
- Assoziatives Wechseln, bedeutet eine Reaktion kann ihre assoziativen Bindungen von einem Reiz auf einen anderen verlagern.

Zusammenfassend lässt sich sagen , dass für Thorndike Lernen *in einer Vermehrung von physiologischen Verbindung von Reizen und Reaktionen* besteht. *Diese Verbindungen werden durch Übung und wegen der angenehmen Konsequenzen eingestanzt – oder durch Nichtgebrauch und wegen der unangenehmen Konsequenzen geschwächt oder ausgestanzt. Menschen erlernen situationsgerechte Reaktionen im wesentlichen durch Versuch und Irrtum*(Lefrancis 1994, S. 29).

Dementsprechend ist sein wichtigster Beitrag zur Entwicklung der Lerntheorie sicherlich die Berücksichtigung der Konsequenzen des Verhaltens im Zusammenhang mit dem Lernen. Weitere Beiträge sind die Einführung des Tierversuchs als Mittel der Verifikation theoretisch abgeleiteter Vorhersagen und die Anwendung psychologischer Prinzipien insbesondere in der Pädagogik. Allerdings ist anzumerken, dass viele Aspekte seiner Theorien erst durch die Arbeiten von B.F. Skinner populär geworden sind.

4.5 Bewertung der genannten Theorien

Im Hinblick auf die unter Punkt 3 genannten Kriterien zur Beurteilung einer Theorie kann man die Arbeiten von Pawlow, Watson, Guthrie und Thorndike meiner Auffassung nach folgendermaßen einschätzen.

1. Sie beschränken sich auf Beobachtungen, auch wenn viele Beobachtungen relativ übersichtlich waren.
2. Die Theorien sind doch sehr klar, übersichtlich und leicht verständlich, das mag daran liegen, das sie die „höheren" geistigen Fähigkeiten nicht beachtet haben.

3. Bezüglich der Aussagefähigkeit und der Lieferung von Vorhersagen stellen sie einen Anfang in der Lerntheoretischen Arbeit dar.

4. In Hinblick auf die Konsistenz dieser Theorien lässt sich in Anlehnung an Punkt 2 festhalten, dass sie vielleicht gerade wegen ihrer begrenzten Zahl von Annahmen mehrheitlich in sich konsistent sind.

5. Die Anzahl der Postulate ist ebenfalls überschaubar.

5.Kurzbetrachtung der verwendeten Literatur

Die 4 diesem Literaturbericht zugrundliegenden Bücher beschäftigen sich zwar alle mit der Psychologie des Lernens bzw. der Entwicklung von Lerntheorien, unterscheiden sich dankenswerterweise aber teilweise doch beträchtlich. Dabei sind die Unterschiede nicht so sehr im Inhaltlichen zu sehen, sondern ehr in der Art und Weise der Herangehensweise und der didaktischen Aufbereitung. Ich möchte diese Unterschied hier zum Abschluss kurz darstellen.

5.1. Entwicklungs- und Lerntheorien von Franzjörg Baumgart, 2. Auflage 2001

Baumgart wollte mit seinem Buch, das ein Element einer 5-teiligen Serie ist, einen grundlegenden Zugang zu Grundproblemen der Erziehungswissenschaft liefern. Er geht dabei von 2 zentralen Annahmen aus, nämlich dass Grundlagenreflexion, Kenntnis und Auseinandersetzung mit den grundlegenden Theorien unverzichtbar ist und diese Inhalte auf der Grundlage methodischer Erklärungen und Hilfestellungen sinnvoll vermittelt werden können.

Dementsprechend ist das Buch so aufgebaut, dass es in verschiedene Lernabschnitte unterteilt ist, und zu Beginn eines jeden Abschnitts zunächst die Grundlagen der jeweiligen Theorie kurz vorgestellt werden. Dieser übersichtlichen und gut verständlichen Einführung folgt dann die Verwendung von Primärliteratur der jeweiligen Protagonisten (Watson, Skinner, Bandura o.a.). Zum besseren Verständnis und der eigen Kontrolle sind Lernerfolgs sind nach jedem

Abschnitt Arbeitsaufgaben angeführt, die ein Selbststudium alleine oder besser in der Gruppe gut ermöglichen. Das Buch ist in folgende Abschnitte eingeteilt:

- Einführung – Ziele, Aufbau und Inhaltsangabe
- Entwicklung und stammesgeschichtliches Erbe, Humanethologische Interpretationen des Verhaltens

- Psychoanalytische Erklärungsansätze von Siegmund Freud, Anna Freud und Erik H. Erikson
- Behavioristische Theorien von Watson, Skinner und Bandura
- Gestaltpsychologie und Feldtheorie von Kurt und Gertrud Lewin
- Kognitive Theorien von Piaget, Kegan und Lawrence Kohlberg

5.2 Psychologie des Lernens von Guy Lefrancis in der 3. Auflage von 1994

Das Buch von Lefrancis ist der Versuch einer kritischen Darstellung der wichtigsten Lerntheoretischen Ansätze der Psychologie. Sie umfasst den Behaviorismus und die kognitiven Ansätze. Dabei geht Guy Lefrancis so vor, dass er zu Beginn eines jeden Abschnitts die theoretischen Grundlagen kurz erläutert und anhand der einzelnen Biographien anschaulich und interessant ihr Wirken darstellt. Dazu werden zahlreiche Beispiele und Erläuterungen gegeben.

Am Ende eine jeden Abschnitts nimmt der Autor eine Einordnung und kritische Würdigung der jeweiligen Erklärungssansätze vor. Das Buch ist in folgende Abschnitte unterteilt:

- Einleitung, Wissenschaft und Theorie
- Lernen: Reiz – Reaktions - Erklärungen
- Kognitive Erklärungen
- Das Lernen beeinflussende Faktoren

Obwohl Lefrancis auf die Formulierung von Arbeitsaufgaben oder Lernkontrollfragen verzichtet, ist meiner Auffassung nach das Buch wegen seiner anschaulichen Sprache gut zum Selbststudium geeignet.

5.3 Lernpsychologie von Wilhelm Angermeier in der 2. Auflage von 1991

Das Buch von Angermeier, Bednorz und Schuster soll die Entwicklung der Fragestellung in der Lernpsychologie darstellen und wiedergeben. Dazu werden zunächst sehr detailliert die grundlegenden Annahmen der Lernpsychologie in Form von Texten, Beispielen und Graphiken wiedergegeben. Dabei reicht die Darstellung von den psychologischen, ethologischen bis zu den physiologischen Grundlagen des Lernens. Weitergehend beschäftigen sich die Autoren in verschiedenen Aufsätzen mit Lernfähigkeit, Lernstörungen, der lern und Gedächtnisentwicklung und der Entwicklung der künstlichen Intelligenz. Dabei werden alle Modelle und Versuche sehr genau und umfassend dargestellt.

5.4 Psychologie des Lernens in der 1.Auflage von Rosemarie Mielke von 2001

Das Buch von Rosemarie Mielke ist als einstieg für Studienanfänger gedacht und konzipiert und bietet einen Gesamtüberblick über die Entwicklung der Lerntheoretischen Ansätze in der Psychologie. Dazu werden auch sehr anschaulich Bezüge zur Geschichte hergestellt. Das Buch gliedert sich in Abschnitte über:

- Lernen und Erfahrung
- Lernen zu reagieren, mit einer detaillierten Darstellung des Grundprinzips des klassischen Konditionierens und weiterführenden Erklärungsansätzen.
- Reaktionen lernen, in dem die Wurzeln des Behaviorismus, der deskriptive Behaviorismus und Lernprinzipien dargestellt werden.
- Erwartungen lernen, mit Hinweis u.a. auf Lerneffekte und abstrahierendes Modellernen.
- Erkennen, mit den Segmenten Wahrnehmen, Aufmerksamkeit und erkennen und Verhaltenssteuerung.
- Behalten, mit der Erläuterung des kognitiven Systems, den Ein – Speicher und den Mehr – Speicher - Modellen

- Verstehen, unter Berücksichtigung der Verarbeitung und der Repräsentation.
- Denken lernen, mit der Darstellung der Zwei – Prozess – Theorie und der Lerntheorie von Anderson und dem
- Selbstgesteuertem Lernen.
-

Gerade die Grundprinzipien des klassischen Konditionierens sind meiner Meinung nach bei Rosemarie Mielke sehr gut und anschaulich dargestellt.

6. Schlussbetrachtung

Ich denke wie diese Ausarbeitung zeigt, ist die Arbeit der „Frühen Behavioristen" bei aller berechtigten Fragwürdigkeiten ihrer angewandten Methoden, Grundlagenarbeit gewesen , die als Möglichkeit gesehen wurde, weiter darauf aufzubauen. Vor diesem Hintergrund sehe ich nach dem Literaturstudium die Theorien von Watson, Guthrie und Thorndike. Sie standen am Anfang einer wissenschaftlichen Entwicklung, die auch heute noch weitaus mehr Unbekanntes birgt, als Bekanntes.

Die Literatur, die diesem Literaturbericht zugrunde liegt ist vor dem Hintergrund der Möglichkeit einer unterschiedlichen Herangehensweise und Darstellung eines Themas oder Themenbereiches von mir ausgewählt worden. Jeder Autor ist da anders vorgegangen und gerade deshalb birgt das Studium mehrerer Autoren nach meiner Auffassung die beste Möglichkeit sich ein die Antworten zu einer Fragestellung zu erarbeiten und zu erschliessen. Um einen Vertiefenden Einblick zu erlangen, ist es aber bestimmt sinnvoll weiter Literatur zu bemühen.

7. Literaturverzeichnis

Angermeier, Wilhelm, F./ Bednorz, Peter / Schuster, Martin 1991: Lernpsychologie. 2.erw. Auflage. München: UTB für Wissenschaft

Baumgart, Franzjörg (Hrsg.) 2001: Entwicklungs – und Lerntheorien. 2. Auflage. Bad Heilbronn: Verlag Julius Klinkhart

Edelmann, Walter 1978: Einführung in die Lernpsychologie, Band 1. 1. Auflage. München: Kösel – Verlag

Lefrancis, Guy R. 1994: Psychologie des Lernens. 3. Auflage. Berlin, Heidelberg, New York : Springer Verlag

Mielke, Rosemarie 2001: Psychologie des Lernens – Eine Einführung. Stuttgart, Belin. Köln: Kohlhammer Urban Verlag